赠海燕

纽约
不眨眼睛

武汉相遇

海阔天空任燕飞!

张慧玲

主编　严力　邱辛晔

易文出版社

纽约
　不眨眼睛

纽约一行诗刊系列 004

主编：　严力　邱辛晔
顾问：　王渝　梅丹理

责任编辑：　冰寒
封　面　图：　严力
美编设计：　王昌华
筹划：　法拉盛诗歌节组委会
出版：　易文出版社
ISBN：　978-1-940742-43-4
定价：　$19.95

本书惠承乐俊民严赛虹基金会赞助出版

序 言

　　我是 1985 年从北京自费留学来到纽约的，在看到曼哈顿后不久，就有了这样的感受：繁荣是来不及打扫的！而要把"来不及打扫的纽约"在一首诗里表达出来是不可能的，因为亮点和污点都太多，这就看你要表现哪一个点和面，哪一个层次甚至哪一个街口。还有，你是从哪一类人的心态和身份来获得创作灵感的，比如留学生、访问学者、探亲、旅游等等。不过，我们这次所收集的作品，基本上来自于新移民身份的创作者。

　　写纽约的诗里肯定会涉及到各种地名和标志性现象，皇后区、法拉盛、自由女神、百老汇、东村、华尔街、42 街、中央公园、街头画家、地铁艺人……每个人以及纽约的读者们看到这样一些字眼时都会有不同的感受，所以能让更多的人，以及没有来过纽约的人分享这样的创作是有难度的。因此我认为这里有两个层次，一个是经历过纽约生活而不需要地名注解的读者，一种是需要注解的读者。还有一种宏观一些的创作，它注重的是：再千奇百怪的东西也是人性的产物，这样就会让没有来过纽约的读者也能读懂你在说什么。

　　在写纽约的种种现象和自己所经历的事情时，我有个感受：诗难以表达其中情节的起伏。所以，以我写纽约的经验，除了诗，还必须写散文和中短篇小说，其中，短篇小说最给力。举个例子：我在曼哈顿东村居住的时候，有一阵时常会听见一两声那种小型鞭炮的声音，它的声响并不太引人注意，而我小时候在中国特别喜欢过春节时放鞭炮，大人给我的压岁钱基本全买了鞭炮，所以我听见这里的鞭炮声就以为是附近哪家的小孩时不时放几个鞭炮玩玩。我慢慢注意到每一天或两三天出现的几声鞭炮声竟然延续了大半年，而且有时候在半夜里"砰"的一声，有时候中午也会"砰砰"几声。我的这个疑问在一次与公寓隔壁的美国邻居喝酒时获得了答案：这是贩毒者通知客户或警告同伴的暗号，放一个或两个或三个鞭炮各有含义！邻居说这是他在旁边一条街上居住的朋友告诉他的，这个朋友经常在毒贩子那里买些大麻的。

为此，在这次出版关于纽约的诗篇后，我们纽约海外华文作家笔会还会组稿短篇小说和散文，目的就是让笔会的会员们把纽约色彩丰富、跌宕起伏的经历写出来，也就能把华文的创作与美国和纽约更广泛地联系起来。

纽约的生活在请我们继续创作！

严力

2019.9

目 录

序 言   I

1. 白水河   1
2. 彼岸流年   3
3. 冰果   5
4. 曹莉   6
5. 常箴   9
6. 陈安   11
7. 陈金茂   14
8. 常少宏   16
9. 程应铸   17
10. 淳子   19

11. 达文   20
12. 冬雪   21
13. 端木葆生   23
14. 甘草   24
15. 古土   26
16. 关仪   28
17. 海石一荣   30
18. 红雨   31
19. 胡子   33
20. 黄华   34

21. 黄翔   35

22.	涓子	39
23.	李笑虹	40
24.	李玥	41
25.	O-K Mom	44
26.	沐雨西	46
27.	纽约桃花	48
28.	千语江月	52
29.	邱辛晔	54
30.	山人	57
31.	双一	58
32.	思乡	59
33.	文蓉	60
34.	首夏	61
35.	苏苏	63
36.	王渝	65
37.	vivian 雯	67
38.	舞韵	68
39.	小黎	69
40.	笑渔	73
41.	谢炯	74
42.	薛武	75
43.	严力	76
44.	杨平	84
45.	一支笔	86
46.	应帆	88
47.	潆莹	91
48.	鱼鸣	93

49. 云中雀   95

50. 张慧玲   96

51. 张耳   99

52. 张书明   101

53. 召含   102

54. 赵仁方   104

1. 白水河

纽约诗画

我爱这反反复复的人间
忽明忽暗的灯火
这弯曲的路
和一路的鸣笛
这长着梯子的墙
同墙上的涂鸦
我爱哈德逊河的静流
她携带多少泥沙与宝藏
多少人称她为故乡

这城中 我爱那清洁的义
那汹涌的思潮 万国的口音
"末日！悔改！"
时代广场上总有声音高呼
归零地和自由塔
是否隐含同等力度
我爱这伤口 这耸立
垂首或仰望
我爱这 沉默与骄傲

我涂涂抹抹
为纽约作油画一幅
只取小小街角 平凡脚步
迈着被接纳的从容

你一再说"要丰富"
两三种颜料
混合过渡
靠近　后退"取掉眼镜看色块"
构图　透视"最后勾勒细节"

画者越沉浸
沾染了越多
线条　反差　明暗　光影

越爱上这一切
这正是
纽约

2.　彼岸流年

纽约自由行（选二）

华尔街铜牛

西班牙的斗牛
所有悲剧的苦主
《斗牛曲》越嘹亮
它的结局越血腥

有一头公牛
身披青铜战衣　悄悄
空降在华尔街
接受所有人的爱抚

它们如此不同
一个直面死亡
一个把"斗牛士"踩在脚下
兵不血刃

帝王大厦

曾经帝王般的存在
如今是游览的景观台
好在这支巨型铅笔
从来不缺素材

站在楼顶
空气清新
世界变得奢华、友好
仿佛流浪汉、大麻、拥堵……
都不曾有过
原来这就是高高在上的妙处

3.　　冰果

长岛火车列车员

我羡慕这简单的角色——
日复一日
在移动的舞台上
念着同一句对白：all tickets please!
每一站
稍做停留
挥舞藏蓝色的制服帽
微微欠身
向站台边沉默的野花
礼貌地谢幕

4.　　曹莉

破晓的权利

邻居三代人搬来
武汉街市清晨的热闹
在纽约郊区厨房里重演
从喧嚣中惊起沉睡的记忆

没有彩排过的方言合唱
钻过了稀松的纱窗
一条车道外的立体声
难以过滤的逼真

一浪又一浪，窗外
东方语音的坚定在镇压着
新泽西男主人日耳曼单词连贯的含糊
提醒我那儿只隔纽约一条河

枕上的胡思乱想
屏蔽了鸟儿的欢鸣
他们或许飞去了别处
寻找新的知音

明天请飞回来吧
会还给你们
破晓的权利
和我的专注

纽约的和声

不情愿住救济所
以地铁为家
黑皮肤的流浪汉
找不到工作
抱只大狗乞钱
白皮肤的青年
挨桌叫卖玫瑰少妇的风韵
脚蹬俏鞋男士的妩媚，和
地铁轨道间
硕鼠的兴奋——

见过——纽约的淡定

中央公园的午间
歌剧演员穿拳击短裤
发出了完美的胸腔共鸣
大都会博物馆前
萨克斯管里
懒洋洋钻出的中国国歌
地铁摩擦轨道的尖叫
跑调民歌在二胡弦上
刺耳的挣扎
睡眼惺忪的手风琴里
流淌出贝加尔湖畔的光影——

听过——纽约的和声

公寓管理人的面孔与算计
唐人街廉价的叫卖
跟随股市曲线摆动的
华尔街的亢奋与沮丧
传说中亿万大亨的平易——

激动过——在挤满纽约的梦想与挣扎里

在地球向往的目光里
纽约，依旧从容

5.　　常篪

纽约的音阶

曾经去过纽约
那个史诗般的城市
鸣奏出美利坚的乐章

记忆触摸一座座
大理石、玻璃与金属的管弦
自由女神、布鲁克林桥
联合国大厦、不复存在的双子塔……
高低音共鸣，黑白黄相间
都以独特的音质
交响着几个世纪的故事

一支庞大的乐队
是谁在指挥
这曾经洋溢和音的地方
如今，有白骨
在归零地底嚓嚓裂响
有百分之一舞着霓虹膨胀
有六万披星裹月在街头呜咽

平等，被一瓶瓶千金烈酒灌醉
自由，在枪击中绽出滴血的弹孔
是谁劈开人与人的沟壑

为收入 1∶1000 倍极化发放通行
是谁弹奏高与低断了层的音阶
悬殊巨大的音域之间
频频爆发出碰撞与震击

纽约啊，我多么期盼
你能够再次鸣奏
一曲更加和谐的史诗

6.　　陈安

曼哈顿

东边是河
西边也是河
北边是上城
南边是下城
有通天的高楼
有过河的隧道
街是经线
大道是纬线
汽车在线上穿梭
地铁在线下穿梭

现代化大厦
和古老教堂站在一起
　　——两个世纪的并列

出租汽车
和出租马车走在一起
　　——两个世纪的对比

橱窗连橱窗
　　——商品的集中和美化

垃圾连垃圾
　　——商品的分散和丑化

惠特曼的诗、海明威的小说
和《花花公子》摆在一起
　　——两种不同的格调

欧洲古典音乐
和爵士乐、摇滚乐响在一起
　　——两种不同的情趣

这边是博物馆
　　——人的智慧的结晶

那边是逍遥宫
　　——人的灵魂的堕落

有最白的人
有最黑的人
有最胖的人
有最瘦的人
有人住在摩天楼
有人住在地下室
有人珠光宝气
有人衣衫褴褛
有人享乐
　　——钱币的挥霍

有人慷慨
　　——钱币的施舍

有人乞讨
　　——钱币的攒集

有人犯罪
　　——钱币的抢夺

与自由女神隔水相望
　　——有有钱的自由和不自由
　　——有无钱的不自由和自由

7.　　陈金茂

《纽约地铁》

> 铁成为纽约的骨头
> 植入深邃的土层
> 和水泥紧紧地厮守在一起
> 营造出铿锵庞杂的地下王国
>
> 以车厢的面孔成为城市的血脉
> 消化拥堵，舒展行旅
> 缩短了心与心的距离
>
> 当车厢如特别的鸟笼
> 收容下我这只折翅的鸟
> ——我别无选择
>
> 但我
> 却拥有了一对再生的翅膀
>
> 就这样，喘着粗气的列车
> 像一条巨大的蚯蚓
> 拱过我情感的疆域版图
> 反反复复地爬过我的记忆
>
> 因为我没有和纽约一同扎根
> 只好不知疲倦地品尝
> 黑暗与光明相互交替的滋味

初来乍到，我常用铁石心肠
来比喻纽约。久了
才明白表面上冷酷的铁
就像一个质量好的男人的
爱心，也是热呼呼的

走出地铁口，我深深地
吸了一口气。可沉重的心
还在起起伏伏地簸动着

而这，只缘于
那一声声萦迴耳际的
哐当哐当哐当的呼叫

地底下，黑暗，但不缺温情

8.   常少宏

22 层

站在二十二层
悬空的感觉摇醒一帘春梦
纽约帝国大厦的风景
镶嵌在一扇玻璃幕墙里
在风中摇曳
在雨中哗哗下落

9.　　程应铸

螺旋
　　——**纽约古根汉美术馆印象**

　　　　一个巨大的螺旋，
　　　　把我旋入
　　　　回壁相夹的空间，
　　　　竟会是辽阔空濛，
　　　　茫茫无涯，
　　　　如大漠，如苍穹，
　　　　游逸着玄机渺渺，
　　　　更连通一条
　　　　现代主义的艺术长河。

　　　　一个巨大的螺旋，
　　　　把我旋入
　　　　一座座奇幻的幽室，
　　　　让我和马蒂斯、毕加索、
　　　　高庚、梵高……
　　　　劈面而遇，
　　　　相互端睨，
　　　　又禁不住娓娓对语，
　　　　似静坐悟禅。

　　　　一个巨大的螺旋，
　　　　把我旋入到

不可知的时空
让想象冲出牢笼，
随它凌空曼舞，
去拨弄乖张的线条，
去撞击怪诞的形体，
去激出
熠熠发明的火花！

附记：

　　前日，访纽约古根汉美术馆，该馆设计新颖，奇特大胆，不落窠臼，乃建筑艺术之大手笔。整栋建筑内外皆呈螺旋状，尤是怪异者，展厅内不设登楼步梯，以螺旋状走道盘桓而上，亦可先乘电梯至顶部，然后顺螺旋缓缓而下，细细观赏展品。

　　馆内陈列皆现代艺术珍品，诸派均有，其造型夸张、简洁、抽象、怪诞，不入常规，然极富想像空间，可任观众驰骋思想，智者见智，仁者见仁，各得其所。

2001.4.11

10. 淳子

纽约过客

足迹与汗腺完成初期的构造
城市的胃吞噬自己
让死亡分解成养料

欲望与理想的私生子
被遗弃却得以自由生长的触角
测量与聚焦

那道光只是天开了一个涵洞
铺设上天入地的路桥
每一秒都可以定格于问天祈祷

向光而生又建造避光的城堡
长满青苔的思想
把泥沙折进黑暗的死角

11. 达文

纽约诗朗诵

> 他们用语言啃骨头
> 另一种骨头
> 吸引海水 淌出地铁
> 缄默如同万本沉甸的书籍
> 空气也在熬骨头
> 只有脱尽水份的语言沉淀为盐

注："另一种骨头"是诗人严力的名作

12. 冬雪

不期而遇

风和雨总是不期而遇　在我家
像两个天缘不断的冤家　敲打
那扇锁不住的古旧窗棂

走在曼哈顿哈德逊河边
任潇潇秋雨淋湿我干枯的心
雨的影子虽然遮挡了纽约霓虹
可玫瑰花红色的心门依然敞开
是谁在濛濛雨中这样痴情
用力抓住那摇颤凄凉的风铃
不要打扰私语柔腻的风雨
让它们附着云的节奏
慢慢地　慢慢地远行

雨你可知晓孤独在哭泣中思考
风你却违背了诺言在四处逍遥
路灯下断断续续滴落的串串水珠
漫长了我等待一生的粉黛红颜
滋长了我胸襟图腾骚动的膨胀
一种缘　在泥泞的雨中疯狂热吻
感受你身体释放出的固有味道
依稀梦中窃窃私语的朦胧景致
让我再一次在风和雨中尽情享受
风的慰藉　雨的柔肠

中央公园十八世纪马车
在雨中碾着我烦躁的心绪
我不想再要风雨交融的感觉
让马车粗粗的缰绳紧紧锁住
风雨中情感欲泄的闸门
在这个心魂意乱的时刻
带着雨中淋湿的记忆
走出遗落爱情的千古惆怅……

13.　　端木葆生

法拉盛湖

法拉盛附近有一个天然湖
我常去湖边散步把自己溜放
柔柔的湖面喜欢接受
我刚离开汉字洋文的目光

丽质的白天鹅夏天也不换衣裳
忘记了哪里才是她们表演的舞场
湖石上乌龟傲然抬头晒着太阳
想不通它们为什么比人类命长

远处与森林作 伴的芦苇塘边
半探险的少男少女拧着半湿的衣衫
北端和南边多情幽绿的草地
或许是天上诗人丢落诗稿的地方

2019. 6. 12

14.   甘草

《纽约，在画里》

一张纸几支笔
在 42 街 7 和 8 大道之间
描绘这座城市的色彩和执着

画铁鸟无情   高空穿撞
灰飞烟灭
倒塌瞬间   仰望女神的自由
争斗或和谐   放弃或奋发
画各式庙宇教堂里怜悯的祷文
愿华尔街跳跃的数字，不再冷傲
愿露宿者瑟缩的角落，不再凄清

画繁华中凹凸不平的街面
桥梁隧道高楼车马灯火日夜交织
永不疲惫，时代广场秒针倒数
年末   或伤感或忧愁
赶在下一刻前   尽情遗忘

画中央公园皮肤头发眼睛的颜色
红橙黄绿，青蓝紫，黑灰白
松鼠鸽子野鹅   浪漫写下春夏秋冬
画艺术博物馆流连夜店
布碌仑往百老汇的地铁
载着曼哈顿和皇后恋爱的渴望

彩色素描
二十美金单人，四十美金双人
肚子饿了　送你几幅
料理中的東西南北
拉面里的唐人街
奶茶里的珍珠

匆匆来去的纽约客啊
二十分钟　请驻足
把梦想，装进画里
好吗

15.　古土

问路，在纽约

在繁华的纽约曼哈顿我遭遇迷路
这时候我想起了我的故土
"指路 5 元""带路 10 元"的服务

正好有一位金发美女经过
有点怯生，有点心跳，却别无选择
只好硬着头皮说我笨拙的英语
没想到她的热情和美丽一样让我惊喜
她马上感觉到我的英语听力有问题
就带我到街角指点得非常清楚

有了这样一次受到鼓励的经历
我的英语好像顿时变得十分流利
我默念着惠特曼的诗句
在长岛寻找这位偶像的故居
"如果你一时找不到我
请不要灰心丧气"*

又一位美女走了过来
问我是否需要帮助
她让我拿出地图
熟练地用铅笔勾出了我的线路
"今天和今晚请和我在一起
你会知道所有诗歌的来历"**

她说她也知道这著名的诗句

第三次问路也是一位美女
请相信我这并不是我的故意
我问她：我的心将安放何处
我的祖国该去往何处
夕阳西下，哈德逊河口一片薄暮
她只是把火炬举得更高，默默无语

2019. 5. 31

*原文是：Failing to fetch me at first keep
encouraged, /Missing me one place search another,
/I stop somewhere waiting for you.
出自惠特曼《Song of Myself》Section 52
**原文是：Stop this day and night with me and
you shall possess the origin of all poems …
出自惠特曼《Song of Myself》Section 2

16.   关仪

话说纽约

> 第一次降落到
> 自由女神的身旁
> 那是春雨交融的季节
> 那时，搞不懂乡间与古城两端
> 不一样的月夜
> 与发小的相逢
> 铭刻在舞台的位置
> 荧光灯下
> 她手眼身法轻如燕
> 从传统的昆曲轻轻走来
> 举手投足之间
> 柔媚的眼神，触动了你
> 你看到隔世百年的一幕
> 月空下的老街
> 古典惊梦的凄美之光
> 如星河般绚烂闪亮
> 那一刻
> 怀揣着波村田野里捡麦穗的孩儿
> 瞬间恍然
> 每天装满麦香的篮子里
> 有多少的缺失
> 缺失了沉淀千年的非物质文化遗产
> 谁知道，这些深埋在骨子里的精华
> 隔洋的海潮没被淹没

心颤地
在纽约自由的天空行走着
并神醉地艺术诗化

2019 年 6 月 12 日
写于美国波特兰

17.　海石一荣

《思念河之纽约客》

> 从哈德逊河口，到女神像身后
> 一个又一个我，排着队
> 自由轮候
>
> 从江南的雨巷，到美东的大江
> 一个又一个你，架空我
> 思恋的桥梁
>
> 空有钢筋的粗犷、交错和坚强
> 空有铁桥的悬吊、弹性和柔肠
> 一个又一个我，船上的集装箱
> 装载千万根火柴
> 燃烧千万个念想——
>
> 想和你独处，少读一本书
> 在矛与盾中选择
> 成长为树
>
> 想和风而吹，灵魂不断炊
> 在山与水中舞动
> 故乡梦回

18.　红雨

纽约博物馆邂逅元青花

看你　不能凑得太近
太近　就被湖田窑的烟火
熏得直流眼泪

咫尺的距离　不敢摸你
我怕　怕强盗留下的手印
与我腾龙状的指纹　扭打在一起

你我只能相互凝视　屏息倾听
我听你冰裂纹下无奈的叹息
你听我血管里火焰的啵啵哔哔

曼哈顿悬日

牛啊　中餐流行不仅在唐人街
每年的夏季　总有那么一两天
上帝慷慨地给纽约叫份外卖
让曼哈顿当众使用筷子
把一个中式煎蛋
颤颤悠悠　夹了起来

一些人大张嘴巴
一些人滚动喉结
蛋黄滑落筷尖那刻
黄昏响彻那句　Oh My God

19.　胡子

生命中的一缕光

　　睁眼滑屏　落在布鲁克林
　　隐蔽的熊从心林中闪现嚎啕

　　两把刀叉铸成一根银筷
　　望着满桌佳肴　我华丽苦笑

　　页的下一页　仍旧是页
　　新页苍白地凝视窗外的新日

　　一群匆匆低头赶路白领
　　仿佛昨夜呼呼风雪 被铲雪车咚咚碾压

　　那星　一直在地铁最黑一角
　　偶尔　我忍不住停步　捅它一下　二下　三下

20.   黄华

大都会博物馆的玉石项链

是金子总要发光
即便埋藏地下千年
洗净历史的尘垢
依然焕发迷人的光彩
遥想女主人当年的风姿
世俗的权力，巨额的财富
转化为艺术家眼中的美

碧绿的玉石，结合珍珠
黄金串成的珠链
混合的光泽散发出高贵的气息
一定是使者从东方带来的礼物
经过重重的筛选，漫长的期盼
戴在纤长、白皙的颈上
是宫廷中最美丽的那位

2019 年 3 月 30 日
于纽约大都会艺术博物馆，古希腊展厅

21.　黄翔

沼泽地带
　　——纽约东村某艺术沙龙

庭园
荒芜的水泽
灯光激滟
肉团团
滚动
弯曲着虾
扭摆着
鳗
咚咚咚咚
咚咚咚咚
鼓声在躯体中
夺路
躯体在鼓声中
分洪
挤呀
撞呀
汗涔涔的人体
汗涔涔的乐曲
摇呀
滚呀
一声萨克斯
尖锐的嘶叫

冲天而起
垂直地落入
人群的
泥淖

1998 年 8 月 27 日夜

新移民

在纽约唐人街头
竖起一座新的塑像
每个人都熟悉他的
黄皮肤面孔
他的东方式的
宽鬆长袍
他的令人肃然起敬的
名字——
孔子

2000 年 10 月 8 日

大纽约茶客

老子
端一杯茶
在窄如深巷的华尔街上
当风而立
两旁高楼大厦的悬崖绝壁摇摇
欲坠
头顶一线蓝天冥冥
欲灭
忽见一片茶叶
从世界金融中心站立的一个人从一个人手上的
一只杯中
浮出杯底
那片茶叶就是我。
浮出世间贪欲的峡谷和财富的
深渊
赤条条输淨一身尘累
赢得当下的自在
独饮清闲

2001 年 5 月 17 日晨

22.　　涓子

四月匆匆太匆匆

我没有带伞
当然也没有下雨
天一直沉着
曼哈顿
自由女神于浮游中漫过来
帝国大厦已在脚下
衣服鼓胀着
是强劲的东风？
竖立的头发？
还是珠璧早已暗中联手？
将一顶"法拉盛诗歌节"的帽子
从 86 层铁栅处抛下
所经之处
开出灿灿红花
一只孤鹤人群中探出头去
啊！四月
风从笔尖下走过　匆匆太匆匆

23.   李笑虹

中央公园的一个夏夜

那是六月的眼神
你看过来的时候
轻轻撼动一片月影

浅浅的羞红
尽染一个季节的心事
在音符迟到的片刻
我听到了心凌乱的步履

还是不敢相信
一夜的情景
能铺张成延绵不断的浪漫细节
并沿着记忆的林荫
茂盛

24.　李玥

空洞

九月，曼哈顿岛的最南端
我惊见两个
无底的空洞，仿若两处莽撞者揭开的伤口
挣扎着无法愈合

东河、雨水
哈德逊河，甚至整个大西洋的海水
正咆哮着灌入其中，又于顷刻间
被彻底掏空

当你临近那深渊，可以望见
小教堂的尖顶、茂密的
白橡树，以及一双折断的翅膀——
它们无一不呈现倒置的世界里
充血的现实

这让我想起多年前的那个早晨
两座摩天高塔，在瞬间从天空
抽离之后，是什么
充填了那片巨大的虚无

又是如何填满
带着疑惑、茫然、惊惧、偏执，乃至仇恨的
一双双　空洞的眼睛

哥伦布公园

当三明治夹住三杯鸡，通心粉滑入一碗
滚烫的馄饨面
番茄酱鲜红，贴在墙上的老干妈端着
热腾腾的麻辣烫……

这里，现代化的摩天大楼
磨秃了半边草坪
另半边，阴影下的社会主义墙角
两个人在彬彬有礼地下着一盘
民族主义大棋，另外四十余位君子
吵嚷着围观

大西洋西岸
帝国主义繁华都市，没有带红袖箍的
小脚稽查队。最高法院对面
5点钟帮会
6点钟集合
7点钟宣告解散

这个叫做 Big Apple 的城市
百老汇舞台边散发着京韵的
挂味儿和响堂
你也尽可以伸胳膊、扭腰跳起小苹果

或是在萨克斯管悠扬的曲调里品味
惠山泉的月色和苍凉

此地不远处，比基尼白小姐
在午后的长椅上慵懒地晒着太阳

"世界不同了！
世界大同了？"

哥伦布先生于此刻醒来，定会看到那尊
被东方古国称为
"国父"的雕像
还有他脚底下的那行金字
——"天下为公"

25.　　O-K Mom

走在纽约布鲁克林大桥

没来纽约之前
就听说它有三座大桥
布鲁克林 Brooklyn（B）
曼哈顿 Manhattan（M）
威廉斯堡 Williamsburg（W）
因它们的开头字母
BMW
被人们解读为
事业、金钱、女人
而成为男人们的梦想与动力

紧张的行程和好奇的冲动
只得将目标锁定在事业桥
走在布鲁克林大桥
过往的男人行色匆匆
也许他心中女人在等着他
还有金钱和事业

纽约就是这样
交织着欲望和梦想
无论国籍和肤色
过了桥的人才能抵达它的内部

依傍着布鲁克林桥墩
河面波光粼粼
风仿佛告诉我
接下来的时间
应该留给遐想和约会

26.   沐雨西

家

第一盏灯点亮了
然后是第二盏
整个城市的灯都亮了
或白或黄，或明或暗

人们开始变得行色匆匆
各自奔向了
鳞次栉比的火柴盒里
那一盏盏密密麻麻的灯光

老汤姆起身
把手里最后一把面包屑
抛入了池塘
然后蹒跚着走进地铁站
那里，某个昏暗的角落
有一张留给他的长椅

纽约中央公园
乍暖还寒的天气里
两只水鸟悠闲地游弋着
身后几只，刚刚出生的小家伙
亦步亦趋

夜色渐深
整个庞大的，冷硬的，钢筋水泥的城市
也随之，柔软了起来

27.　　纽约桃花

我的纽约

> 这是我住了三十年的城市，
> 人生路上的第二故乡。
> 在布鲁克林读过书，
> 住过皇后区的地下室，
> 最后落脚曼哈顿东区。
> 第二大道 57 街 300 号，
> 曾是我住过 10 年的地方。
> 毗邻的大厦曾住过，
> 阿瑟米勒和玛丽莲梦露。
> 有一次居然偶遇，
> 穿着风衣的迈克尔道格拉斯，
> 细雨中从我身边走过，
> 又再回头。
>
> 在市中心的曼哈顿岛，
> 我们蚂蚁搬过多次，
> 工作室和办公室，
> 从下城的格林威治，
> 到苏荷的百老汇大道。
> 时光流逝过我们的，
> 爱与争吵，
> 在莱克星顿大道上别过，
> 在 irving plaza 看过摇滚，
> 甚至，神秘的伍德斯克，

墨西哥人的蓝色小屋，
也刻录了「貂蝉拜月」的唱片。

时光的荏苒掩不去，
被暮色苍茫了千百次的记忆。
我仍然记得，
炮台公园铁梯上的留影，
风中长发飘扬的，
是我们曾有的青春。
记得从曼哈顿到诗丹顿岛，
坐渡船看日落的辉煌，
总督岛上的夏日，
还留着孩子们的笑声。

最深的记忆都是沉重的，
如同双子塔前的合影。
那些失落的岁月，
在满街的寻人照片中苍老，
当归零地的光束照耀夜空。
新世贸的崛起中，
那些早已失落的朋友，
熟悉的面孔一一闪过。

这个城市承载着，
我年轻的岁月，
那些难以回首的时光，
如同天际线的不断改变，
起伏着时代的跌宕。
从祖父的哥伦比亚大学，
到我的布鲁克林学院。

横隔着七十多年的时空，
和一个家族的命运。

我经历过五任纽约市长，
看过时代广场的光怪陆离，
被毒品情色堕落过的街区，
改变成旅游中心的气派堂皇。
废弃的铁路飞跃成高线，
哈德逊广场的玻璃大厦，
环绕着光泽闪烁的钢铁飞船。
这是一个熟悉的城市，
也是一个陌生的地方，
随时代消失的还有，
街角的醉鬼和流浪汉。

当孩子们终于长大成人，
我才惊觉一生命运的变迁，
从当年骄傲的北京人，
过渡成纽约的第一代移民。
时光弹指一挥间，
有些人已成陌路，
而有些人为你指路命运。
如神的安排早已存在，
等待着你明白的那一天。
宛如这个城市的晨昏，
记载着经历过的焦虑和忧伤，
也铭刻着幸福的瞬间。

这是一个独特的城市，
有着我熟悉的脉络和呼吸。

那棋盘一样的街道和悬日，
倾泻在高楼下的光照和阴影，
帝国大厦的塔顶如脂针。
中央公园的春夏秋冬，
不过是洛克菲洛顶层的眺望，
隐藏在百年石柱的缝隙间。
这一切都是神般的存在，
注定我们这一生的发现。

啊，纽约，
你是我生命之城，
如同哈德逊与东河的交汇，
必然融入无垠的大海，
如同康尼岛的海边落日，
必有长岛 Montauk 日出的伴陪。
三十年的昨天和今日，
我投之以宝贵的生命献给你，
你报之以无悔的人生和家园。

2019 年 6 月于纽约

28.　千语江月

蓝色旧雨衣

十二月的纽约已经有些冷
午夜街头，依然有一些外地游客不知倦意
远处
雨雾中的时代广场灯火阑珊

你总是穿着那件著名的蓝色旧雨衣
它不停地提醒你，你像一条被 Jane 遗弃的流
浪狗
彷徨在百老汇破旧的巨幅广告牌下
不知该去哪里

挤在昏暗嘈杂的酒吧，喝瓶比利时冰啤
乐队的摇滚音乐敲击着人们每一根跳动的神经
乐池旁，成堆晃动的脑袋
对面的红发女郎有些寂寞，时不时抛过来几个
试探的媚眼

Jane 走后，你养成了在深夜酒吧独饮的习惯
对着酒杯你喃喃自语
有时开心，有时颓废
惆怅地哼唱不成调的老歌，醉入每晚的旧梦

Jane 消失很多年了

你的野心也已老去，无力摆脱更无法远离
夜夜笙歌的都市啊...
这就是纽约，嫌弃却又漫不经心地收留了你

这里的雨季有些漫长
对远方的思念，随着雨丝渗入到你骨头缝里
裹紧身上蓝色旧雨衣，脚步疲惫
未燃尽的烟头从你指间弹出，点亮了一瞬间的
纽约
最后落在冰冷的雨地上，湮灭无息

写于 6/12/2019

注：Leonard Cohen 的那首歌曲 "Famous blue raincoat"，让我们看到了生活在纽约市里那些失意徘徊的人们。也由此引发我关注他们的内心感受，从而写就这首诗。

29.   邱辛晔

纽约关键词

翻阅一本上世纪的旧书
名字叫纽约故事
作者是诗人严力
印刷这本小说的工厂或许早已破产
但不会破产的纽约情节
在泛黄的纸上顽强浮现
有色无香的油墨里
偶然还点缀著几粒乾瘪的稻谷

有时，它填补了半毫米空白
更多时候游戏着标点符号
或者就狠狠地砸在
写出纽约故事的
方块字上
移民心情抽出了青苗之后
我的眼睛开始收割一串串被覆盖的
纽约关键词

2018.10.5-6
2019.9-10月修改

活禽屠宰场

一只野鸽子
向纽约法拉盛
某个活禽屠宰场窥探
它看见许多同类
在拥挤中呻吟，等待
但它们一致认定
野鸽子有偷取食槽中谷粒的
嫌疑

但它呼啦一声
飞翔起来的样子
却如同解救集中营同胞的
独行侠
笼里的鸽子惊呼起来
热水锅边惊讶的工人
立刻把表情换成了
看守屠宰场的士兵

2019.4.27；8.10 修改

大松果

摩天大楼之间的松果
躺在纽约的床上被眼神按摩
她身上抹了赫德逊河水
直到亮出性感的古铜颜色

变身后他是一本五线谱
勾引游客爬在线条上
歌唱一个个为纽约献身的音符
週末拥挤出交响曲
天雨的时候，哦，那一支无聊的巴松管

猜想它本来是一首格律诗
规范，对称而有韵律
但既然落到了纽约
不得不朗诵一本自由的诗集

我也怀疑它隐喻了反常规的政治
一座金字塔竟然倒立了
大众爬上高位
越来越庞大
少数精英分子在底下苦苦支撑

来围观的人民被
性感、音乐、诗歌和权力诱惑
虽然必须踩着彼此
他们还是选择攀爬登天

2019.4.8；9.4 修改

30.　　山人

911 旧址新池

　　泪水东南西北
　　汩汩流淌
　　清洗人间四方的邪恶
　　上善若水直下
　　可否熄灭
　　地心岩浆的欲火

　　　　　　　09. 01. 2018

31.　　双一

《这是纽约》

　　　　每次来法拉盛
　　　　都是一次回乡
　　　　街上的黄面孔熙熙攘攘
　　　　风中夹着羊肉串香
　　　　方块字的招牌排成长队
　　　　各种乡音在空中交汇
　　　　这天早上有毛毛细雨
　　　　我第二次光顾青岛饭店
　　　　今儿的小米粥茶叶蛋韭菜盒子
　　　　一如昨儿的豆腐脑油条海带丝
　　　　还有邻桌妈妈对儿子的柔声细语
　　　　都是纯正的北方风味
　　　　忽然门口进来个黄衫女：
　　　　"游行开始了！"
　　　　一个女店员换上黄衣
　　　　对另一个说："一会我回来你再去"
　　　　母亲也收拾东西撑起黄伞
　　　　领着孩子走入那雨
　　　　这二零一九年的春天，我猜
　　　　游行与三十年前的那个相似吧

　　　　等一等，自由的雨滴点醒了我
　　　　这是纽约，不是故乡

　　　　　　　　　　　　2019.05.13

32.　思乡

纽约地铁

红黄蓝绿构成的地铁线路
密密麻麻，盘根错扎
初到纽约
复杂的线路让人昏头
这个运行近 110 年的地铁
如此沧桑
腥味以及裹着机油味的热浪
充满着那一股股
机械运作的味道
并不妨碍纽约客们
对于这个世纪老人的喜爱

不论是上至曼哈顿
上东区的精英权贵
还是来自布朗克斯
贫民窟的落魄流浪汉
在这里
大家都是平等身份
都得挤在这狭小的空间
无论他们将要去哪儿

33.   文蓉

我们的身体植入一首散文诗

> 路面的深坑
> 住着旧年的雨水和大隐于市的
> 隐者
> 当地铁沿轨道经过时，他们的骨头
> 咯咯作响
> 就像地铁　也一起步入中年
>
> 不知道是一天中的第几次
> 它们缓慢地穿过怡东大楼精明的脑门
> 有些人再也撑不住，任铁屑哗哗落下
>
> 雨水、隐者、地铁
> 他们的骨质都在流失
>
> 没有人会因为结局而放弃前行
> 踩过泥泞的雪，站台前，春天的
> 车门缓缓滑动
>
> 我们的头顶落满花瓣
> 我们的眼里闪着光芒
>
> 走进车门，我们仿佛
> 在纽约的身体　植入
> 一首　一首
> 不朽的散文诗

34.　　首夏

雨中烟火

在大树下快乐躲雨，
第一次隔着雨帘，
凝视曼哈顿在夜色中，
被洗净尘埃，
柔软心田。

自由塔闪着红蓝光，
安然自若。
而那部电影，
有双子塔的深夜里，
一位女子乘公车，
去找一个爱的答案。

乌云和雾霭争斗了很久，
黑色的夜幕才迟迟拉开。
她是酝酿已久的烟火，
忠实且默契的布景。
也是迷失片刻的烟火，
摆脱混沌的释放空间。

那些烟火，
为了挣脱黑暗，
奋力却又优雅地，

化为一颗颗小亮星，
舞出一条条金色火柳。

那些烟火
是火热的真心，
毫不掩饰，毫不留退路，
在夜空中尽情地画出印记，
一缕倔强，一缕澄澈。

那些烟火更是冷静中的暖意，
冲破生命的极限，
延续在大厦宁静的灯光里，
照亮和指引爱回家的路。

35. 芥芥

《纽约印象》

在纽约街头晃荡
有些事会留给我很深的印象

比如一个流浪汉
周末　端坐在地铁阶梯的正中央
我怎么通过啊　我满是尴尬
他哇啦哇啦向我们大声说着
声音那么浑浊不堪
仿佛喉咙里卡着什么
一定是我眼神里充满狐疑
他用手焦急地指向公交车
原来　今天地铁不通
他怕我们辛苦爬冤枉梯
他今天免费承担活体广告

又比如一个残疾人
坐着电动车
车上挂满她采购的物品
像得胜返朝的大将军
整个公交车的人为她让道
静静等候她把车固定好
我不由得想起我妈
自从她生病不能行走后
她不仅忍受病痛还要承受

周围人的冷眼冷语
她低微的退休金
不仅要吃饭还要吃药
她买不起轮椅
她再也没到阳光底下去过

36.　王渝

我爱纽约

> 这里
> 丛生异色的文化
> 叛道的习俗　还有
> 私自生活的升华
>
> 虽然
> 被世人称为这样那样的中心
> 却能享有心甘情愿的
> 十足边缘化
>
> 这里
> 别处的禁忌都被消解
> 异端不再异端
>
> 这里
> 我们的头上都有一片自由的天空
> 有时蔚蓝
> 有时灰蒙蒙
>
> 这里
> 最适合所有的异乡人驻足
> 于是成了寻找中的故乡

Cha Cha 咖啡馆

我认识他时
还不曾认识你
他认识你时
你们都不认识我
绕过诗句砌成的小径
我们聚会在
异国的咖啡馆
头顶的天窗
扔进来破旧髒乱的
贫穷风景

我们怡然将这一方小天地
坐谈成我们的波西米亚
虽然那个来自东欧的女侍
僵硬的待客之道一如她僵硬的英语

后记： 上世纪八十年代，我常和台湾旅美诗人方
思、彭邦桢在此咖啡馆聚会。

37.　　vivian 雯

地标

这城市立起了一座新地标
这城市有很多地标
一些历经百年而不倒
一些倒下了，又站了起来

他们不停地建造
他们想证明，世界是如此
轻而易举，被突破
他们将它命名为 The Vessel
仿佛一张金箩，欲将万邦包罗
他们又竖起通天的钢铸
如是巴比塔，直达上帝之所

这城市，已经有很多地标
这城市，其实无需太多
他们只需一张，网罗人心的网
他们只需一座塔，以抵达内心

38.　　舞韵

纽约地铁

又回到纽约地铁
散发百年魅力
陈旧瘢痕

车厢不见繁华
人种特征各异
就差没有紫色系列

生锈车轨
哄哄震响于耳
带来时空以外声音

车轮滚滚
红尘嚣嚣
又拖着疲惫向前

地铁带着
无数浴血情爱
旧与新飞驰

01.26.2018

39.　　小黎

纽约，夜深沉

> 午夜的钟声　从百灵鸟的盒中叮当传出
> 五星酒店的情侣们，相拥着离去了椰林餐厅
> 淡黄色的香槟，还残留在高脚杯里
> 真丝的镂花丝巾，不经意地飘下了桃红色的法
> 式座椅
>
> 一点了
>
> 时针指向二点
> 一阵阴暗的枪声划过哈莱姆的街头
> 行人冷不防地被人绊倒
> 拿钱来！一把尖刀对住了咽喉
>
> 三点是难以入睡的时刻
> 大影星的妻子辗转反侧
> 临镜自照　美貌如花又有何用
> 怎能阻挡他　寻欢作乐　夜夜不归
>
> 呵，四点了！
> 焦虑的留学生扔掉书本，扑向床头
> 一场大考明日就要来临
> 五杯咖啡下肚，也难以记住这困惑的定律
>
> 五点是起床的时刻

小饭店的老板快快地起了身
冷水冲个头吧！房租又涨，账单一堆
生意稀少，这忧愁的日子何时是个头

难以入眠的
事事焦心的
愁怅满怀的
病痛交加的

头戴星星帽的女神
眼中满含忧虑的女神
醒来了，梳妆了，打起了精神

为了这一切，为了你身边的人们

曼哈顿梦游

——写在 22 世纪的某一天

头号金色大亨从黑洞旅游归来　首破人类记录
并携带着他的第十七位窈窕美女
招手欢笑　双双步下红毯舷梯
郑重宣布，这是宇宙旅途中迎娶的第 N 位娇妻

市长举办的接风盛宴即将在中央公园举行
连地铁里的公爵大老鼠都收到了请帖
如今老鼠家族越发兴旺　个个毕业于纽约大学
戴着闪光的博士眼镜　愈发神采奕奕

华尔街的铜牛自然不能缺席
一号嘉宾西装革履　清晨三点就开始沐浴
只是近年来体态更加发福
需乘坐波音公司特制又加宽的直升飞机

菜单的准备当然是第一夫人的拿手戏
红酒里如今放点大麻已是公开的秘密
来点儿刺激！
一群小学生们将为嘉宾们欢歌劲舞
个个学生将挎着手枪　保卫贵宾和自己！
不过子弹都是橡皮滴

盛宴地点的选择颇费了心思
还特邀著名的中国风水先生仔细考虑
据说要远避公园的湖水才能吉利
这些年上升的不仅有更多的赤字

还有湖中自杀率

合法的性工作者本来没被邀请
引来了一波波浓妆艳抹　又香气逼人的抗议
大亨最后决定展出黑洞旅游的全部照片
捐赠大都会博物馆
这才消风平浪　让纽约一千万市民皆大欢喜

唯一没感到兴奋的是 7 大道 39 街的车衣大哥
上百年啦埋头车衣
人人听见那缝纫机隆隆作响
多少贵妇和贵人们
将穿着你精制的晚礼服赴宴
而你却被人冷落
一辈子只套着那件古铜色的旧衣

那天我下了晚班　专程去看你
正值邀邀春色　又一派喜人的沥沥春雨
叫一声车衣大哥你好！你不理睬
不知是你的泪水还是雨水
顺着你的衣襟往下流
流进那脏脏的小水沟里　一滴　又一滴

2019 年 6 月 纽约

注：纽约有两个著名的雕像，一个是华尔街的大铜牛，
一个是 7 大道 39 街时装区 8 英尺高的古铜色车衣人，英
文名："The Garment Worker"，由朱第斯·万勒创作。

40.　笑渔

纽约一日

朝阳
抓紧自由女神的绿袍
爬上皇冠
一跃而至中央公园
浏览了一英里博物馆
披着落日余晖
悠闲地驾着马车
穿行在第五大道
化为五彩的水晶球
洒落在时代广场

41. 谢炯

到站了

有个人
从我的家乡来到纽约
他殷切地问我
是否满怀游子的乡愁
是否心系二十九年前我离开的故乡

他问的时候
我们正座在纽约 A 号线地铁中
车厢晃动　离开一个站台
突然加速　驶向下个站台
广告牌上　旷野间的古老长城
跟着我们　向前急驰

我站起身来　凑近广告
想要看清烽火台上新砌的砖色
金属吊环被我笔直地拉入（中国）梦
车厢晃动　野花丛中的长城
在我头顶踩着节奏亮相
万里连云际，年年箫鼓喧
突然，停顿在稳定和谐的
宣传画上

哦，到站了

2017-8-2 写，2018-5-10 改

42.　薛武

布鲁克林

　　布鲁克林，就像我的心情
　　被风卷起的落叶，推着秋天
　　快速前行

　　这些观念，只是观念
　　企鹅姑娘执着，追求爱情

　　落魄的男人，以落地的姿势
　　跪在地上，乞讨女人
　　怜悯

　　墙面上有很多光影

　　有些门，默默召唤
　　扫码，或者付钱

　　舞台上的歇斯底里
　　撕裂人性的面具，说
　　这是文明

　　我和他们擦肩而过

　　布鲁克林的深秋，淹没了
　　我的心情

43.　严力

纽约中央公园组诗

1.

母亲把婴儿车与春天一起推进了中央公园
我嫌我的器官过于衰老
那婴儿开始像笑着一样替我啼哭起来

2.

鱼群显然更愿意品尝人类的鱼钩
而不愿意在冰层底下闭目养神
当船
用桨的翅膀把水的天空划出春浪
我认定自己也算是其中一个主角

3.

一架相机被另一架相机
当作春天的信息拍摄了
照相机像花朵一样到处开放的季节令人陶醉
但一些运气不佳的朋友们
眼睛后面还无法搁置胶卷

4.

树林摊开它们全部绿叶的手掌
太阳照上去的姿势比算命先生更加专业
它对树叶说：
　在春天
　鸟不留恋鸟窝
　你们也希望与鸟儿一道飞离树枝

5.

像牵着春天一样愉快的遛狗者们
与狗一起巡视着生活的历史轨道
我
牵着我自己
双方的友谊使我重温了
当年地球与太阳之间发生的
亚当与夏娃的故事
如今
地球在忙于繁殖
而我的床在纽约城里显得过于窄小
于是
我就把头枕在中央公园的肚皮上
可惜暂时的放松感
像棉花一样
极力往公园外面的浊水中跳

啊，当春天拥有我们而不是我们拥有春天时
春天是一个暴君

6.

我翻译了前辈们的呼吸用我的哀叹
在某些花朵为悼念才开放的土地里
我翻译了前辈们的存在用那页石头的文字
在这个世界的中央公园里不可能没有墓地
最起码
我用四月的钟声
翻译了一只被车辆压死的松鼠的灵魂

7.

二十世界的文明被艾滋病吊销了裤子
这一切都缘自于
我们一出门就撞在了春天的怀里
那种赤裸裸的感觉从下腹直顶到嗓门
我们昏沉沉地对自己说
春天来了

但是
我们仍然具有满脑子绿色的灵感
其中飞来飞去的鸟像是舞蹈的标点符号
它们把同一篇文章变换出各种意义
我们读懂了
拐进春情的小胡同里会发生太多拥挤的故事
春天把各种疾病撒在爱的门牌号码上
啊
医院们
请你们为二十世纪再凑上几个消炎的吻

8.

巨石被蜥蜴的脚步惊醒
云在施展春天的温柔
松鼠把陆地扩展到树尖上
土地解开了秋天穿上的枯叶的衣裳
阳光与北风辩论之后留在风中的温热的口气
以及
一个公园管理员以冬天的表情出现
把我赶出被称为需要保护的草坪
但是
他在草坪上留下几群打情骂俏的鸟雀

9.

春天
春天在执行阳光的命令时流露出
能使全体姑娘成为母亲的那种梦
春天
春天还准备租下纽约和全世界的地下室
其中也包括我们体内的那间
春天啊
春天认为阳光必须赞助地球的内部
人的内心和蜂巢的四壁
春天
春天是不可思议的
地球也在春天辉煌地
照耀着太阳和宇宙

1987.

纽约

没到过纽约就等于没到过美国
但美国人对纽约抱有戒心

到过纽约就等于延长了生命
一年就可以经历其他地方十年的经验
集中了人类社会所有种族经验的那个人
名叫纽约

在纽约可以深入地发现
自己被自己的恶毒扭曲成弹簧
世界上许多有名的弹簧
都出自纽约的压力

啊
纽约的司机
好象要带领世界的潮流去闯所有传统的红灯
但是
别忘了小费

到过纽约这个大花园的游客们都知道
住在纽约的蜜蜂们
甚至学会了从塑料的花朵里面吸出蜂蜜

绰号"大苹果"的纽约
这苹果并非仅仅在夏娃和亚当之间传递
而是夏娃递给了夏娃
亚当递给了亚当
大声咀嚼的权力掀起了许多同性的高潮

入夜的纽约啊
在吞噬了白天繁忙的阳光之后
早就迫不及待地解开了灯光的纽扣
坦率的欲望
就像所有的广告都擦过口红

妓女
妓女虽然是纽约非法的药
但生活常常为男人开出的药方是：
妓女一名

纽约纽约
纽约是用自由编织的翅膀
胜利者雇佣了许多人替他们飞翔

多少种人生的汽车在纽约的大街上奔驰啊
不管你是什么牌子的创造发明者
或者你使用了最大的历史的轮胎
但纽约的商人已经在未来的路上设立了加油站

纽约纽约
纽约在自己的心脏里面洗血
把血洗成流向世界各地的可口可乐

1996.

疼痛

今天
我搬出一把椅子
想让自由女神坐下来
为了让她喝一杯什么
也就想到了与可口可乐配套的
汉堡包
而饺子或烙饼下一顿再说

看到她手中的火炬
就想再给她一个
能看到世界各地的望远镜

比起上面的这些
更紧迫的还是我的一系列提问
我想问她
是否满意自己的性别
而那些与自由配套的口号
是否已经生锈
另外
人们的身上还有哪些
被忽略的穴位
有着普世皆准的疼痛

其实
这把椅子我根本搬不动

写于 1999.11，2019.9 修改

再写纽约

纽约用创新的动词带领着自己的关节
甚至被纽约赶走的一批批伤病员
依然是世界各地急需的人才
曾在纽约住过的人
初返纽约后会发现手脚不太利落
就像从动物园返回了森林
但野性的压力即刻让你恢复了知觉
因为你有过去的档案可让行为调阅
目睹了世贸大厦倒塌后的自由女神
转身用手中的火把点燃反恐的引信
引爆了整个世界更多的猜疑
纽约的伤口都很独立
不在乎过路人是否关心伤在哪里
纽约必须疼痛地繁荣
舞台上的英雄们更喜欢天天挂彩

44.   杨平

纽约图书馆巧遇惠特曼

炎热的七月
更需要一颗清凉的心

空气中的喧嚣与激情
多少年来，一直是运转人类的原动力

直到 21 世纪
纽约仍是百年前的那座冷漠都会

一个孤独的诗人
也能坚持那份怆然千古的风流吗

高楼林立的曼哈顿不语
匆忙来去的路人不理

直待我默默迈入高冷的
大理石厅堂，瞬间

世界宁静了
所有过客和旅人都宁静了

地球，宇宙，和历史的整座气场
都安然凝聚于此

壁上的天使似乎述说着
比传奇、比创世纪更多的故事

我漫步的穿过每一扇门
犹若穿过巨大的时空与奇丽梦想

在木桌前认真阅读的男孩
会是另一个马克斯吗？

一双白衣母女坐着坐着
溶入了黄昏的西奈山下

天地如洪荒而众生
祗似亡灵

我正自思索，人文，智慧，生死
与命运间的排列组合

一扬首，但见一嘴胡须的惠特曼
吹着口哨，向门外草地悠然走去

45.　一支笔

孤独与永恒
——题哈德逊广场新落成的大松果

春天的纽约哈德逊广场中心
地球人满怀希望
播种下一颗硕大的种子

耀眼的存在
不仅是因为它拔地而起
突兀又前卫的造型
抑或是那一身
古铜色金属的质感

在我的眼里
它是一道通往未来世界
格外孤独的时光走廊
荏苒如梭的光与影胶著
你我都是穿梭在五线谱上的音符
自觉不自觉地停驻
踩踏出有序无序的节拍
演绎出一曲曲
没有尽头的生命交响曲

孤独的身影
尝试将四季复原
回忆总是没有尽头

满满当当填充的
都是沧海桑田在心头烙下的刻度
那些转瞬即逝的多半是现实的生活
或许如同这件繁华地段的艺术品
唯有孤独
才得以获得真正的永恒

46.　应帆

两只石狮子

　　谁像我们一样
　　等过天黑
　　等五大道上的人潮散了
　　等星光擦亮图书馆路上的诗句

　　你卸下你南方的耐心
　　我放逐我北地的坚毅
　　我们把一直面向东方的目光
　　收回来　转个弯
　　照亮彼此　点燃彼此

　　坚硬冰冷的大理石做的身子
　　将重有奔流的血和跳跃的心
　　我们肌肉遒劲　毛发蔚然
　　我唤你以最温柔的嘶吼
　　你应我以最野性的呢喃

　　哦　这一夜我们将错就错
　　将这身后的布莱恩公园
　　变作我们嬉戏的草场

　　说什么知识就是力量
　　我说　爱
　　才是最美的力量

　　　　　　　　　（原载于美国《侨报》"文学时代"）

（也许 只是沉潜在最深的心底

2r

五点四十二分在五大道四十二街

五大道四十二街
在这城市中心的中心
他们还说
这城市
其实就是世界的中心

五点四十二分
二月底的一个晚上
仰头逆着暮色张望天空
你的嘴角浮起一丝
最不易察觉的笑

在城市中心的中心
我蓦然意识到
你和你
最淡微的笑
依然浮游在我的心中

（也许　只是沉潜在最深的心底
　　或者　一直飘摇在细细的心尖）

那时我们选择相信一切爱情
都是命运的安排
分手之后
每一次意料之外的邂逅
我都可以想象　你说
一切都是命运的捉弄

别过头继续行走
我们把爱情咀嚼
咀嚼成失去味道的口香糖

2019.02.21

47. 潆莹

纽约组诗（选二）

中央车站

下车的人
鱼贯而出

有的如预期一样到站
有的如预期一样缺席

他们身边的人曾是他们
拥抱　接吻　埋头行走
或是升入穹庐
与天使们交谈

影子们提前背负着预言
奔走相告
车站稳坐如常
停在他们
经年失散的身体

年末仪式

以观摩纽约的橱窗秀
抵抗秒针的坠落

第五大道，萨克斯商城前
人流停滞
他们像脚下的生活一动不动
又突然醒悟
有人叫骂：似是对年关无能为力的变相出口
有人沉默：用呼吸的量杯检测麻木的黏稠度
更多的人，在随波向前里抚平
时间的折痕：
这样，每一次灯光变幻，便在心上延展得
更平滑

摩天大楼比比皆是
四周的遮挡越多，风力似乎越大

我被人群架空，飞离
北斗星今夜极亮，它们谙熟
如何张开巨大的银勺
舀取
每一步，笃实的爱

48. 鱼鸣

晶莹的泪
——初念纽约

下午四点
哥什温的音符
从邻街的萨克斯风管里荡出
将七楼高的窗台
染成金色一片。

浪漫回声在空灵的街巷
对街的女郎
裸浴在斜阳的依恋里
这是纽约　下午四点时的黄昏。

第五大道上
人群是梭子
警车的鸣笛
在木然的眼光前奔驰。

在第五大道上
我看不见美国人惯有的硕大的臀部
一律的西装，精瘦的裙裤
踏着高跟的节奏
人群是一组组钱币的符号。

一对不相识的男女
被挤出人群
如同传送带上的次品
侧身挤进那古老的教堂
庄重肃穆，心的清凉
这可是另一个世界
双双跪下，俯首合掌
抬头仰望那高高圆顶下
十字的光
脸颊上，一串纯净，剔透的晶莹。

他们擦干
最后一丝的痕迹
重新加入钱币符号的穿梭
在纽约下午五点的喧嚣里
警笛的鸣叫
再一次响起。

49.　云中雀

土豆

土豆很实在
就是灰不溜秋的
不讨人喜欢
形象也不阳光
拖儿带女藏在地下

土豆沉甸甸的
一二颗就填饱肚子
低调　皮也很薄
不像其他瓜果
露着脸或挂在树上炫耀

最近土豆也有心事
老的听到警笛声就发怵
长着青春豆的小土豆
发愁喜欢的人找不到她
听着脚步声却欲言又止

你也猜着了我这大老粗
比喻的是咱这一家
住在纽约的地下室里
眼睛都长出绿豆芽了
想晒一下暖烘烘的太阳

50.   张慧玲

从落基山到纽约

想到纽约
坐标轴 就立起来了
我的落基山亘古绵延
纽约你高点 再高点

总有纵横飞升的刹那
交点 带着千钧的力量
俯瞰 人间的蕴霭
天地的端倪
尽管 那张力下的空洞
有时像锅煎开 无药溶解

山中排满的日程
拨一拨开 就是泥青
左边的花 右边的刺
发了又如心火湮灭
纽约 你在高处闪耀诱惑吧
草裙 或白天鹅的舞步
都要借着你的磁力向前

多少次 在山中迷路
多少次想 纽约也是高高的森林
那千千万万的窗户后
颤悠的执着，迷茫，或意乱情迷

和山中的荆棘，狼嚎，玫瑰一样
都是谁的鲜活的使命

看山林　看楼群
看这迷路后的出口
可纵可横

纽约七十二小时

火炬不用大，想象女神高举它
的姿态，我们就有方向了
人们曾——从森严的欧洲逃来
——从南方的奴隶种植园逃来
要活着　体会活着的感觉

而我，此时逃离一个责任的城堡
像是王　放逐自己来流浪
再找一个流浪者　促膝举杯
寻她眸子里　那火炬的光影

几时　我们把温顺当作护寒的衣裳
一件件　又一件件地套上
对秩序屈服　对光阴卑躬
而纽约楼林里　孤独剑客
薄衫轻囊　流浪的脚步声
是我爱听的　桀骜不驯的音响

谁能描绘自由的经纬度
谁又能裁定拥有什么的对错
这七十二小时　径自走进
我心底的殿堂　贴上纽约的标签
当火种，滋滋地闪着光亮

51.　张耳

男人，武器，用牛仔裤配

完美的战士和棒球赛
活在卡通和对讲翻译机上
再生像草，草与草地
比赛地雷留下，自地里
站起来，站起来一定是光辉的
寓言。真心奉献
岩石。棕色的棕，血
黑得像海，像石油浪打浪，却
忘记伊拉克伊朗科威特叙利亚
狼，翻过我们的裙我们的
群。妈妈，你听见了吗？
以色列埃及苏丹索马里，死
站起来，站在
你活过来的裙边
让孩子们重新登上
礁石，登上海盗船，你听见了吗？

有点蓝，道理刚刚
流过血，成千个小小
没活过来，九月。过了
眼球，手球，快球
快枪的象征，我错了我对了
但手指头还在赶
叭叭叭敢敢敢，换台

赶不上鱼
舞蹈，黄瓜小米醋
小资情调和 20/21 对等
异化，凭怎么都不对头
那就住下吧，住下不走了
就一两天, 纽约, 上海
有客人便有主人，这里还能
让人喘一口气吗？就一两口
情调异化，20/21
晚饭端上桌 14/15
白围裙，白桌布
还有高脚杯里的
淡水。而海是不同的
有点水就一定有点咸
像眼药， 纽约, 上海
你必须面对
男人，武器，用牛仔裤配。

52.　张书明

高楼间的铁塔

在几幢楼宇的间隙
有一座铁塔
孤独地站立

瘦得只有一副骨架
在四周宛如壮士的高楼面前
如朽木一般单薄无力
却仍把细成一根棍的塔尖
拼了命地向上托出
堪与楼齐

离得那么近
谁也不曾倚靠
处在夹缝中
依然
顶天而立

53.　召含

唐人街及粽子

　　　熙攘唐人街
　　　擦肩而过糯米紧裹竹叶的身影
　　　家乡味道五花大绑
　　　陌生口音中
　　　鲜活成一片游水鱼儿

　　　漂洋过海
　　　赋在五月的书文
　　　可否关乎纽约的街头叫卖
　　　楚云湘江皆可扮作字符
　　　转角处有人伸手
　　　讨要一杯可乐加汉堡

「五·四」在法拉盛

1

一九一六年的蝴蝶
飞过百年
藏匿封存
蝴蝶粘作标本
掀翻书页
谁人手指点动
胡适未知
又一世纪

2

蝴蝶
跃过苍海
驻足王渝的书行间
振动翅膀
拂过闻一多死水徐志摩的云
余光中手擎葡萄酒迎面痖弦慧姑娘
顾城的眼睛投向北岛墓志铭
蝴蝶
胡适先生百年前打造的绳结
停落掌心 点化字符
手指敲击团起
掷向光年深处
回音壁

54.   赵仁方

《中央公园湖之一角》

垂柳依依
和风起舞
知鸟嘀鸣
为不知名的小鸟
伴奏一首无标题乐章

红蜻蜓点起音符
大自然谱写梦幻
小船忽悠荡双桨
涟漪连绵心意长
秋波随浪漂四方

那只刚获自由的小狗
四蹄奋起
跃入湖中
欢快拥抱自己的影子
瞬间的幻影
却消失在哗拉拉的水声中

CPSIA information can be obtained
at www.ICGtesting.com
Printed in the USA
BVHW071920141119
563838BV00002B/114/P

9 781940 742434